パラオ の きせき

この はなしは、わたしの ははの
せんそうたいけんの おはなしです。

せんそうがはじまると、たべものがなくなるので
ぞうせんぎしをしている　ちちがいる　パラオとうに
かぞく６にんで、いくことになりました。
パラオは　らくえんのようで、しまのひとたちも　やさしくて
まいにち　うみであそんでいました。

しばらくすると、アメリカぐんの　くうしゅうがはじまり
にほんじんが　すんでいる　まちをねらい、
あさから　ばんまで　くうしゅうがつづき
ばくだんで　まちは、めちゃくちゃになりました。

それから わたしたち かぞくは
しまのどうくつに にげて かくれることにしました。
たべものは、おにいちゃんが まいにち ふねをこいで
はこんでくれました。

だんだん　せんそうが　はげしくなり
おんなのひとと　こどもは、にほんに　かえることになりました。
でも　みんなではなく　えらばれたひとたちだけでした。
わたしの　かぞくは、さいごのふねに　のることができました。
「おにいちゃんは　かえれないけど、
おまえはりっぱな　にんげんに　なってくれ」
といわれました。
いまでも、おもいだすと　なみだがでます。

なんにちか　ふねで　すごすことになり、
わたしは　ひどい　ふなよいで　あさから
うみをぼーっと　みていたら
せんすいかんの　せんぼうきょうが
ふねにちかづいて　きて
せんすいかんのぎょらいが　あたりました。

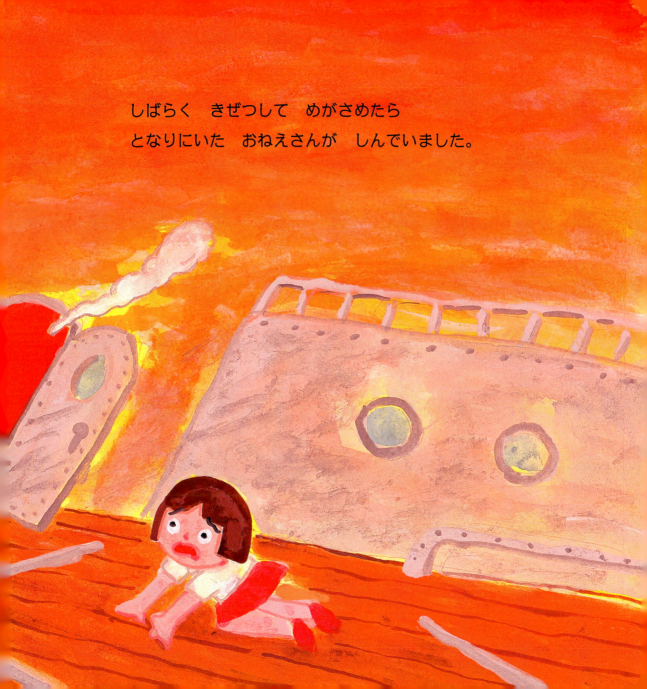
しばらく　きぜつして　めがさめたら
となりにいた　おねえさんが　しんでいました。

ちちから「うみに　とびこむときは、せんちょうさんにきけ！」
と　いわれていたので　せんちょうさんをさがして
「よし！とびこめ！」といわれたので　うみに
とびこみました。ちちから　およぎをおしえてもらっていたので、
およぐことができました。

うみに　とびこんで　しばらくおよいでいると
ちいさなボートに　たすけてもらいました。
ふねが　かたむき　きてきを　ならしながら
うみにしずんでいきました。
せんちょうさんは、ボートにのりませんでした。

こんどは、すこしおおきめの　ボートにのりました。
「ふねのなかは、たべものがないので　ちちから
かつおぶしを　もっていけ！」といわれていたので
わたしは、こしに　にほんぶらさげていました。
みんなで、かぶりつくように　たべました。
さめに　おそわれるから、さらしをもつように　いわれましたが
はずかしいので　それは、もちませんでした。

しばらくしたら、たすけにきてくれた
ふねに のることができました。
このとき はじめて、わたしの かぞくみんなが ぶじなことをしり、
きせきだと おもいました。

そのひのよる　ふねのそこでねていると「ドカン！」
という　おとがして　ふねのなかに　いきおいよく
かいすいが　はいってきました。
「ぎょらいが　あたったぞー！」のこえで　ふねのなかは
パニックになりました。

ふねの　かいだんを　のぼっていると、
あかちゃんを　せおった　あしをけがしてるかあさんが、
ふたりの　おとこのこに
「おかあちゃんのことより、ふたりで　はやくそとにでなさい！」
とさけんでいました。なにも　できないわたしは、
おとこのこたちと、そとにでました。

ちちから「うみに とびこむときは、なにかをなげろ!」
とおしえられていたので、よるのうみにすぐには とびこみませんでした。
さいしょに とびこんだひとたちは、うみのながれが はやいので、
みんなながされてしまいました。 わたしは とびこまず せんいんさんに
「ボートと ふねにはさまれるな!いまだ!」といわれ たすかりました。
ちちの おしえをまもって、わたしのかぞくは、みんなぶじで
にほんに かえることが できました。

おおさかのまちは、せんそうでやけのはらで、なにもありませんでした。
しんせきのおじさんの　なやで　かぞくは　くらすことになりました。
がっこうから　ひとりで　かえっていると、
アメリカのひこうきの　パイロットが　わらいながら　うってきました。
まわりは　はたけばかりで　かくれるところは、ありません。
わたしは、ちちから　いっぱいおしえてもらったので
こんなことでは、しにません。

この　パラオの　しゃしんは、
いちばん　うえのあにが
ほかの　せんじょうに
いくときに　もっていき、
ぶじ　にほんに　かえってきたので
いま　わたしがもっています。